Alfons Genzler
Damit das Leben gelingt…
© 2010

ISBN: 9783839185209

Impressum:

Herstellung und Verlag: Books on Demand GmbH, Norderstedt
www.bod.de

Titelfoto: El-Fausto/PIXELIO

Was ist das Leben?

Leben ist Geben,
Hoffen und Streben.
Von der Liebe durchseelt
es das Ziel nicht verfehlt!

Gedanken zum Leben

Es ist ein Wunder, dass es Leben gibt!
Es ist wundersam, dass du leben kannst!
Es ist verwunderlich, dass du leben darfst!
Es ist bewundernswert, dass du für andere lebst!
Es ist überhaupt wunderbar, dass du lebst!
Am wunderbarsten ist es aber, dass du weiterlebst!

Leben ist Geben,
Hoffen und Streben,
von der Liebe durchseelt
es das Ziel nicht verfehlt!

Wer ist Herr über das Leben?

Abtreibung – ein hässliches Wort,
Sinnbild für Tod und Mord?
Schützt geschenktes Leben,
das als Geschenk gegeben,
sei es für Mutter und Kind,
die beide Geschenke sind!

Wehrloses braucht Nachsicht,
Hoffnung und Licht.
Soziale Not ist doch kein Grund,
zu töten, was da ist gesund!

Raten, beraten ist angebracht,
wo Hilfe nötig, Tag und Nacht.
Lasset hier die Mütter nicht allein!
Sie werden euch recht dankbar sein.

Die einen hätten gern ein Kind,
die andern werfen ´s fort geschwind.
Früher gab´ s Kinder deren acht oder neun,
heute will man sich da scheu ´n.

Hätte man sich früher anders entschieden,
wären uns weniger Menschen beschieden!
Sie könnten heute nicht darüber befinden,
soll Leben her oder verschwinden.

O Mensch, sieh doch endlich ein:
Möchtest du abgetrieben sein?
Lasset leben, was da leben kann!
Helft mit und schützt es! Denkt daran!

<u>Achte das Leben!</u>

Achte das Leben, wo du ihm begegnest,
bestaune und liebe es, indem du es segnest!
Es ist ein Geschenk, denk immer daran!
Schätze es und bedenk´, was gut ist getan!

Blumen, Tiere und Menschen, ob klein oder groß
verkünden Gottes reichliche Kraft und Liebe bloß.
Quäle daher nie ein Leben zum Scherz,
denn es fühlt wie du den Schmerz!

Das Leben zu ehren und zu erhalten,
bleibt daher nicht dem Arzt vorbehalten.
Jeder, der anderes Leben schützt,
hat seinem eigenen Leben genützt.

Zum Himmel schreiendes Leben

„Lasst mich leben, fällt´ s auch schwer,
aus welchen Gründen, wie auch immer!"
Von irgendwo kommt ein Lichtlein her,
erstickt nicht den letzten Hoffnungsschimmer!

Du wär´st nicht da, wäre man mit dir
in ähnlicher Weise so verfahren,
dass ungeboren, getötet jetzt und hier
du hättest das Zeitliche nie erfahren!

Es ist schon jedes Kind groß geworden,
das man umhegt, umsorgt, gepflegt,
erzogen und gebildet hat mit Tat und Worten,
es selbst zeitweise in fremde Hände legt!

Materielle Not als Ursache der Abtreibung zu erheben,
ist schändlich, beschämt die Menschen all´ zugleich!
Lernt teilen, zu helfen und zu geben,
macht zusammen, untereinander euch auch innerlich reich!

Die einen wollen Kinder, haben keine,
andere möchten weniger, haben genug,
doch bleibt wohl jedem nur das Seine,
nimm alles an, sei in allem klug!

„Lasset die Kinder zu mir kommen!"
einladend gern der Heiland spricht.
Dies gilt wirklich allen, nicht nur den Frommen!
„Wehret es ihnen nicht und tötet sie nicht!"

Erblickst du je das Licht der Welt,
bist du nicht auf dich allein gestellt!

Der Mensch – Wunder aller Wunder?

Wer wundert sich nicht über jedes Wunder,
dass der Mensch besteht, lebt und ist munter?
Erst bei Krankheit, Tod ist´s ihm bewusst,
wenn schwinden Hoffnung, Lebenslust.

Ein lebendes Geheimnis stellt der Mensch dar,
wie rätselhaft, wirklich, wunderbar!
Es prüfe sich jeder auf Herz und Nieren,
wie alles abläuft ohne zu führen!

Vieles lässt sich leiten und ersetzen.
Aber auch alles wertzuschätzen?
Geschöpf und Schöpfer eine Einheit sind,
Kunstwerk und Künstler vertrauen blind.

Das größte Wunder aber aller Zeiten ist,
dass Gott selbst Mensch geworden ist!
Dies aber führte zu des Gottmenschen Tod,
weil unfassbar, dass ein Mensch ist Gott.

Das Auferstehungswunder ist die Krönung überhaupt,
ist auch der Mensch zerfallen, verwest, verstaubt.

Wert des Menschen ohne Werte?

Was bist du wert, Mensch, wirklich wert?
Lebst du unbekümmert, unbeschwert?
Wer sich und mehr noch andere achtet,
sich mit Recht wertvoll betrachtet!

Er ist kein „niemand", freut sich sehr,
ein Gruß, ein Lächeln oder mehr?
Wenn Verantwortung und Selbstbeherrschung das Leben
regeln,
treibt es dich weiter mit vollen Segeln
im kleinen Schiff auf dem Lebensmeere
zur Freude des Nächsten und deiner Ehre.

Ohne Werte wie Treue, Nachsicht, Liebe
vieles im Leben auf der Strecke bliebe!
Den Wert des Menschen erkennst du daran,
was Gutes er dir und du ihm getan.

Ehrlichkeit ohne auszunützen
lässt die Wertigkeit aufblitzen!
Rücksichtsvoll sein ohne zu schaden,
so bist du wertvoll, wohl geraten!

Dies fällt nicht einfach in den Schoß!
Stetiges Ringen macht dich groß,
mit dir selbst zum Wohl von allen.
Das kann jedem nur gefallen.

Wertlos bist du ohne Werte,
glück - und freudlos auf der Erde!
Doch seitdem es Werte gibt,
bleibst du wertvoll und geliebt,
selbst nach dem Tod, bist du verwest,
hallt noch nach, was du gewest!

Der Mensch – Scheusal oder Ebenbild Gottes?

Wer bist du Mensch, dass du es wagst,
nach allem Möglichen einfach jagst?
Du kannst schließlich alles nur zeitlebens haben,
seien es auch die schönsten, besten Gaben.

Alles ist dir nur auf Zeit geliehen,
was du erworben, für dich gediehen.
Staune, betrachte, sieh einfach ein:
Was man erbrachte, ist allgemein.

Zwar fällt dir nicht alles in den Schoß,
mit wenig zufrieden sein, macht dich groß!
Kannst du das Wenige auch noch teilen,
beginnst du die unheile Welt zu heilen.

Schlagen sich aber Menschen die Köpfe ein,
können Menschen grausame Scheusale sein.
Wehe denen, die dies gar befohlen!
Sie möge gleich der Teufel holen!

Mörder wie Ermordete werden sterben,
für alle bringt der Tod Verderben.

Nimmt erst das Böse seinen Lauf,
hören Leid und Trauer kaum noch auf.

Treten Menschen für das Gute ein,
müssen sie manchmal wehrhaft sein.
Das Böse überwinden, das Gute bewahren,
lässt Frieden finden, schützt vor Gefahren.

Ein Paradies auf Erden gibt es zwar nicht,
aber Mensch sein und werden, ist eine Pflicht.
Werde, der du eigentlich bist, Gottes Ebenbild,
das es stets neu zu schaffen, zu werden gilt
in Freiheit, im Streben, Leben und Tun,
bis des Menschen Werke, Kräfte ruh´ n.

Wohl dem Menschen, der meist für andere da gewesen,
ihm nicht geschadet, dass er kraftvoll genesen
Man könnte an seinem Grabe lesen:
Dieser ist wirklich ein göttlicher Mensch gewesen,
auch wenn die sterblichen Überreste verwesen.

Nicht wer die meisten Schlachten führt,
ist ehren –, ruhmvoll tituliert.
Er wäre lieber nie geboren,
wenn er Unheil hat heraufbeschworen.
O Mensch, du hast es zeitlebens in der Hand,
ob du lebtest vergebens oder in Gottes Land!

Vom Bösen

Willst du ein Schwein sein,
musst du gemein sein!
Heimtückisch und hinterhältig,
rücksichtslos, einfältig,
heimlich und zwiespältig,
keinesfalls offen,
wenn andere sind betroffen.
Lässt das nicht hoffen?

Wenn aufgeht diese böse Saat,
folgt sogleich die schlechte Tat.
Schon im Kleinen kannst erahnen,
wie sich zeigen schiefe Bahnen.

Lügen, stehlen, stoßen, streiten,
alles bahnt sich an bei Zeiten.
Wenn Böses gewinnt die Oberhand,
werfen z.B. Kinder sich mit Sand.
Sie beißen, kratzen, tun sich weh
vom Kopfe bis zur großen Zeh´.

Wenn jeder übt nur roh´ Gewalt,
wird jeder nur ein paar Jahre alt.
Gewalt fordert so nur wieder Gewalt!
Verloren geht der letzte Halt.

Das Böse ist, sei doch mal ehrlich,
heimlich , unheimlich brandgefährlich.
Bevor man es verhindern kann,
wurde es einem schon angetan.

Dabei könnt alles friedlich sein,
sieht der Mensch doch einmal ein:
Was du nicht willst, das man dir tu´,
das füg´ auch keinem andern zu!
Dies zu verstehen hat erst Sinn,
wenn ich davon betroffen bin.
Die vielen Kriege, die schon waren,
ließen Elend, Not und Tod erfahren.
Doch hat sich das Böse auf der Welt
immer noch nicht eingestellt.

Trotzdem gilt´ s zu überwinden
Hass und Feindschaft dieser Blinden,
dass das Gute letztlich siegt
und keiner schmerzende Wunden kriegt.

Hilf mit, Schmerzen zu vermeiden,
greife darum ein bei Zeiten,
lass den andern nicht allein,
gemeinsam wird man stark nur sein.

Gebet und Vernunft als menschliche Größen
können vom Bösen wohl nur erlöse

Der „Wüstling" von Wüstefeld!

Dezember 2002 in Hessen

Ja, ist denn das die Möglichkeit,
dass jemand dazu ist bereit,
jemand zu ermorden, zu zerteilen, zu verspeisen?
Kann er sich selbst nicht in die Schranken weisen?

Hier wird ein Mensch schlimmer als ein Tier!
Ist er noch Mensch, kann er nichts dafür?
Tötete er auf des Opfers Verlangen, Geheiß,
wie sein Anwalt zu erklären weiß?

Wie dem auch sei, es bleibt besteh´n :
Unsägliches Unheil ist gescheh´n!
Unerträglich schändlich ist diese Tat!
Zu spät kommt jegliche Hilfe, jeder Rat!

Der Mensch ist ein vernunftbegabtes Wesen!
In diesem Fall ist er´s nicht gewesen!
Von Moral und Sitte ganz zu schweigen!
Was davon nennt ein solcher Mann sein eigen?

Menschenwürde eine Bürde?
Übersprungen ist jede Hürde!

Ist mit El Kaida Kain da?

Wie Kain seinen Bruder Abel erschlug,
weil er sich nicht mit ihm vertrug,
so ist mit El Kaida Kain (das Böse) da.

Hinterlist, Skrupellosigkeit als Merkmale und Zeichen!
Diese Menschen gehen über Leichen.
Gottes- und Ehrfurcht kennen sie nicht.
Sie sind nur stets ein Bösewicht!

Brutal, total in der Gewalt,
verlieren sie ihren letzten Halt.
Auch rücksichtslose Mörder müssen sterben,
egal, wo sie sind,
als des personalen Bösen Erben.
auch ihr Verderben beginnt!

„Ach, könnte sie vom Bösen
wenigstens ihr eigener Tod erlösen!"
Angst, Furcht, Schrecken, Leid würden so gebannt,
die sich verbreiten in Welt und Land!

El (hebräisch Gott) tragen sie im Namen!
Welch ein Hohn als des Bösen Saat und Samen!

Wenn Menschen zum Tier werden hier auf Erden!

Nimmt das Böse seinen Lauf,
hört das Menschsein leider auf.
Selbstmord-Attentäter werden Scheusale, grausamste Rächer,
nicht zu vergleichen bei der Kreuzigung mit einem der
Schächer.

Sie reißen sich und viele andere in den Tod,
beschwören herauf Leid, Elend und Not.
Kein Tier kann dies hervor wohl bringen,
was bösen Menschen wird gelingen.

Heimlich unheimlich richten sie ein Blutbad an,
welches sie sich und anderen angetan.
Groß ist der Wahn, der das Leben missachtet,
aus Wut, Rache, Raserei nach dem Tod nur trachtet!

Lasset wenigstens andere leben immerhin,
zerstört nicht des Lebens großen Sinn!
Werft euer Leben nicht sinnlos weg!
Es führt zu keinem guten Zweck.

Nicht alles, was man tun kann, darf man tun!
Sei und werde Mensch stets neu und nun!

Terror ohne Error ?

11. 09.2001 – für die Welt ein Tag des Grauens!
Entsetzen ob des schrecklichen Schauens
des Terrorismus in blinder, unmenschlicher Wut
als Ausdruck des Hasses, des Fanatismus Glut!

Amerika wird Schauplatz sinnloser Gewalt,
verloren scheint der letzte Halt.
Menschen werden plötzlich in den Tod gerissen,
die unschuldig, hilflos wir nun trauernd vermissen.

Besetzte Flugzeuge, gekapert, werden auf lebenswichtige Gebäude
gelenkt.
So grausam ist kein Tier, aber der Mensch, der denkt!
World Trade Center, ein Teil des Pentagons wurden urplötzlich
zerstört.
Die Welt zittert, hält den Atem an, bangt, bebt, ist empört.

Sind Massenmorde in der Luft und auf der Erde
Zeichen, Folgen unermesslicher Unruheherde ?
Dies rechtfertigt keine so schändliche Tat,
wenn sich entlädt des Bösen Saat.

Haben zu verantworten diesen Schaden
die Todesgehilfen, Anhänger von Osama Bin Laden?

Bekämpft den Terrorismus, ihr Völker der Welt,
sonst ist es um euch gar schlecht bestellt!
Denn wenn eine Mehrheit die Minderheit nicht daran hindert,
wird künftiges Leid nicht vermieden, vermindert.

Eine absolute Sicherheit gibt es dennoch nicht,
es zeigt sich immer Dunkelheit, Licht.
Des Bösen Macht bleibt immerdar.
O dämmt sie ein in Solidarität und Gebet fürwahr!

Alfons Genzler

<u>Vom Krieg</u>

Der Mensch ist des Menschen größter Feind:
Wie oft hat der Mensch schon drüber geweint!
Er sollte lieber Frieden stiften,
als sich zu töten und zu vergiften.

Solange aber das Böse Einzug hält,
gibt es keine Ruhe auf dieser Welt.
Träumt Mancher noch von einem Siege,
gibt´ s doch nur Besiegte in einem Kriege.

Jeder kriegt Leid und Elend ab,
was es geben wird und immer gab.
„O Mensch, wann siehst du endlich ein,
als Geschöpf auf der Erde nur Gast zu sein
und den Willen dessen zu erfüllen,
der liebend dich schuf nicht um seinetwillen!"

„Heiliger Krieg- ein Wahnsinn!

Krieg ist das Unheiligste überhaupt!
Es irrt, wer´ s anders glaubt!
Den wenn im Namen Gottes Unrecht geschieht,
ist dies größte Sünde, Lieb´ entflieht.

Rache, Vergeltung, Zahn um Zahn
Führen auf die schlechte Bahn.
Doch Selbstverteidigung muss sein,
aber auch sie ist nicht heilig allgemein.

Sie ist notwendig zwar, sich selbst zu schützen
Und will der Lebenserhaltung nützen.
Wer nicht das Leben anderer achtet,
nach Qual und Tod von Menschen trachtet,
zählt zu den scheußlichen Ungeheuern,
selbst wenn sie aus religiösem Eifer ihr Tun beteuern.

Glaubensverbreitung mit Feuer und Schwert
Ist sinnlos und diesen Glauben nicht wert!
Es ist heller Wahnsinn, vom heiligen Krieg zu sprechen!
Dies allein ist schon Verbrechen.

Morden ist und bleibt immer zu verabscheuen,
muss früher oder später nur gereuen.

Es wäre in der Menschheitsgeschichte weniger Blut
geflossen, hätte die Vernunft gesiegt und der Krieg
verdrossen.

Auch Mörder sterben1 Ach hätten sie nie gelebt!
Sie brachten Verderben, Blut an den Händen klebt.

Heiliger Gott, du heiligst die Sünder,
bekehrst ihn gar zum Glaubensverkünder!
Aber du willst, dass alle Menschen leben,
willst sie nicht zerstören, ihnen Hoffnung geben.
Doch wehe denen, die anderen wehgetan!
Wir rufen zu dir und flehen dich an.

Vom Frieden

Friede sei in diesem Hause!
Friede, wo du lebst und bist,
wo mit einem Blumenstrauße
Güt´ und Lieb´ zugegen ist!

Frieden musst auch selber schaffen,
dort, wo Friede ferne ist!
Dazu helfen erst die Waffen,
wenn du angegriffen bist!

Doch soweit soll es nicht kommen,
drum bemüh´ dich vorher schon!
Hat Liebe erst mal Platz genommen,
stellt der Fried´ sich ein als Lohn.

Jedem das Seine zu gewähren,
nach Gerechtigkeit und Recht,
wird den Frieden stets vermehren.
Behandelt uns nicht ungerecht!

Böses allzeit abzuwehren,
bleibt wohl eine heil´ ge Pflicht,

denn das Böse will entehren,
schaden, wo viel Not gebricht!

Frieden bauen, Frieden geben,
bleibt Aufgabe, Ziel, wird erst geschenkt,
überall und viel nur dort im Leben,
wo einer an den andern denkt.

Nicht alles kannst du gleich erreichen
trotz Fürsorge und Menschlichkeit!
Stelle wenigstens die Weichen
und betend stets dein Herz bereit!

Selbstmord-Attentäter – des Verbrechens „Hochkaräter"?

Wenn Menschen ihr Leben achtlos wegwerfen und
vernichten,
ist dies höchst unmenschlich und voller Abscheu,
zumal sie vorsätzlich, überlegt, sich und vor allem andere
zugrunde richten,
volles Risiko gehen, ihrem Fanatismus treu.

Da werden Menschen zu Bestien und Verbrechern,
die ihr eigenes Leben als Waffe benützen.
Sie zählen sich zu Märtyrern und Rächern,
lassen sinnlos Wut, Zorn, Verzweiflung aufblitzen.

Kein Tier kann diesem Wahn verfallen,
ist von solchen Gräueltaten von Natur aus frei,
nur der Mensch als Geistwesen unter allen
offenbart sich so als grausam letzter Schrei!

Geiselnahme – eine Geißel der Menschheit!

26. 10. 2002

Wozu böse Menschen doch fähig sind!
Sind sie in ihrer Wut und Rage blind?
Mit Sprengstoff umgürtet über 50 Rebellen
etwa 900 Leute im Theater zu Moskau umstellen.

Sie wollen ein Ende des Krieges in ihrem Land
erzwingen durch Geiselnahme, Gewalt und Unverstand.
Sie stellen ein Ultimatum, fangen an Geiseln zu erschießen,
dass beginnt bereits unschuldig Blut zu fließen.

Unausweichlich blieb das Stürmen des Theatergebäudes durch russische
Soldaten.
Sie leiteten Gas ins Haus, griffen an, es kam zum großen Schaden.
Fast alle Aufständischen und über 1oo Geiseln fanden dabei den Tod.
Riesig war das Entsetzen, die Empörung, vor allem die Not.

Wenn Menschen zum Schlimmsten entschlossen sind,
werden sie Bestien ohne Rücksicht auf Frau und Kind.
Geiselnahme ist eine schreckliche Geißel der Menschheit,
unmenschlich, scheußlich, grauenvoll in unserer Zeit.

Gelingt es nicht im Vorfeld diese abzuwenden,
wird es mit Unheil, Tod und Verzweiflung enden.
Steigern sich ins Unermessliche Wut und Hass,
läuft von Drangsal, Elend über das Fass.

O Mensch, wer bist du, dass du über das Leben anderer bestimmst
und dir dabei respektlos auch dein eigenes Leben nimmst?

E(h)rfur(ch)t!

Habt Achtung und Ehrfurcht vor dem Leben,
das als Höchstes uns gegeben!

Das größte Geschenk aber ist in wenigen Sekunden
durch Mord, fahrlässige Tötung rasch entschwunden.
Unwiederbringlich ausgelöscht ist es bald auf dieser Welt,
in Windeseile hat es der Mensch verwerflich angestellt.

Durch Wahnsinn wird so das Leben genommen,
das man doch hat erst vor kurzem bekommen.
Niemand ist sicher vor sinnloser Gewalt!
Laut ist der Schrei: „Um Gottes willen, Halt!"

Trauer, Klage bestimmen den Schmerz,
zerknirscht, tief getroffen ist das Herz.
Sechzehn unschuldige Opfer sind zu beklagen.
Es ist erschütternd schwer in diesen Tagen.

Lasset uns einander achten, schätzen lieben!
Das ist menschlich, wertvoll, lebenserhaltend geblieben.

Nehmt einander an, helft beim Misslingen!
Lasset uns gemeinsam um Lösungen ringen!

Der Mensch wird in dem Maße wertvoll, heilig eben,
wie er den anderen achtet und hat Ehrfurcht vor dem Leben.

Bannt und verabscheut die böse Gewalt!
Sie ist tödlich, schändlich, rücksichtslos, kalt.

Verhindert die Verzweiflungstat!

Was auch immer mag in die Enge treiben,
Verzweiflungstaten müssen unterbleiben!
Doch wie und was im Vorfeld ist gescheh´n,
muss man erst erfahren und versteh´n!

Vorbeugen ist besser als hilflos zu weinen!
Widersteht den Anfängen will mir scheinen!
Zum ersten treibt niemand in die Enge
durch überzogene Forderungen oder Zwänge!

Diffamierung, Schulden, andere Nöte,
egal, was immer auch sich böte!
Manches Familiendrama würde nicht sein,
stünde mancher nicht unter Druck allein!

Die Sozialverwaltung ist nicht ausgenommen,
will sie zu hohes, ungerechtes Geld bekommen,
schreckt vor Gericht und Vermögen nicht zurück,
demontiert die Familie Stück für Stück.

Bedenke, man würde es dir zumuten,
du erkennst: Es ist zu wenig des Guten!

Wenn Unmenschliches in der Welt geschieht,
mancher als Ausweg in den Tod nur flieht!

Das aber lässt sich nur verhindern,
schafft man es vorher, die Qual zu lindern.
Der SOS - Hilferuf häufig leise verstummt,
während der Motor der Verzweiflung brummt.

Drum vernehmt den Hilfeschrei,
bevor das Schlimmste ist vorbei!
Sucht nach Lösungen frank und frei!
Ihr Menschenkinder steht euch bei!

Ihr müsst das Leben nicht beenden,
sollte die Not sich nicht gleich wenden!
Nichts kann so schlimm im Leben sein,
dass das Leben müsst beendet sein!

Fasset trotz allem Lebensmut
und seid den Zweifelnden auf der Hut!
Lasset euch sprechen, sehen, finden!
Versucht euch gemeinsam fest zu binden!

Löst euch von Verzweiflungstaten,
dass alles zum Besten ist geraten!

Mit Klonen die Menschen verschonen?

Der Mensch forscht und probieret,
was für ihn möglich ist,
obgleich er viel riskieret,
mehr als ihr andern wisst!

Ja, ist es selbst verboten,
die Gefahren sind zu groß,
beginnt er auszuloten
bis hin zum Schicksals Los!

Wird er die Geister, die er rief,
vielleicht auch nicht mehr los,
ging manches auch daneben, schief,
Verantwortung erscheint nicht groß.

Der Mensch darf nicht alles vollbringen,
was er nach und nach erreichen kann!
Steht er auch über manchen Dingen,
ist er stolz auf das, was er ersann.

Denn kommt sein Tun als Bumerang zurück,
schadet ihm, macht ihn zunichte,

nachdem er manipulierte Stück um Stück,
naht er sich dem Weltgerichte.

Mensch, kennst du deine Grenzen nicht,
wirst du unmenschlich ohne Gnaden,
bis deine Welt zusammenbricht
und du bist außer Tritt geraten!

Groß ist der Drang, immer mehr zu können,
bis hin zum bitteren Ende.
Ohne sich viel Ruh´ zu gönnen,
raffst und schaffst du bis zur Wende.
Wer ist daran letztlich Schuld?
Der Mensch in Ungeduld und Schuld!

Herr, sie wissen nicht, was sie tun!

„Wer nichts macht, macht nichts verkehrt",
stimmt nicht ganz, wie die Erfahrung lehrt,
denn Zuschauen bei Freveltaten
ist offensichtlich sehr missraten!

Gewissenhaft, verantwortungsvoll sein bei allen Taten
verhindern, wenden ab den drohenden Schaden!
Da aber fehlt´ s manchmal im Lande,
es organisiert sich manche Bande,
Unrecht zu tun, aus welchen Gründen auch immer.
Bleibt denn gar kein Hoffnungsschimmer?

Fehl - Vorurteile, Leisetreten, Mobbing, Gewalt!
Lässt das skrupellose Menschen kalt?
Täglich gibt´ s Verbrechen jeglicher Art!
Hat´ s dich noch davor bewahrt?

Immer jünger werden die Täter!
Widerstandskämpfer gelten als Verräter!
Wenn des Menschen Würde nicht mehr zählt,
ist wohl alles dann verfehlt!

Der Mensch richtet sich so selbst zugrund´,
wird gefährlicher als ein Kampfeshund!
Wissen die Menschen nicht, was sie tun,
rotten sie sich aus, morgen, nun!

Gott selbst hat uns das wissen lassen,
als er am Kreuz begann zu erblassen.
Er lässt uns beten: Erlöse uns vom Bösen!
Und er starb, um uns alle zu erlösen.

Das Böse, als Mangel des Guten, merke dir,
führt auch zum Glauben, zur Liebe für und für!

Dialogos gegen Diabolos!

Dialog gegen den Teufel(s)kreis
ist sinnvoll stets, wie jeder weiß.
Nicht Auge um Auge, Zahn um Zahn,
sondern Vernunft und Einsicht bahne sich an!

So auch zwischen Palästina und den Israeliten,
denn beide haben schon viel gelitten!
Frieden stiften, ihn erhalten
haben Vorzug vor Gewalten!

Viele reißen sich und andere in den Tod,
schwören herauf so große Not!
Sturheit, Starrsinn, falscher Stolz
sind verfehlt, absurd! Was soll´ s?

Sprecht mit einander, lenket ein!
Verhindert Blutvergießen, andere Pein!
Reden ist hier Gold, lasset die Waffen schweigen!
Was immer ihr wollt, möge in allem Friede sich zeigen!

Zu Opfern bereit wegen Sicherheit?

Ohne Ausweis und Beweise
Kannst du einfach nicht mehr reise´!
Wer bist, wie heißt du? Wo kommst du her?
Ohne Legitimation hast du es schwer.

Notwendiger wird die Dringlichkeit
Wegen der allgemeinen Sicherheit.
Seit Terroristen sind am Werk,
ist´ s sinnlos zu halten hinterm Berg!

Fingerabdruck, Gesichtsmaße seien von Nöten,
weil sie mehr Schutz und Sicherheit böten.
Das betrifft alle und muss letztlich sein,
hat man nichts zu verbergen, ist sauber und rein!

Kleine Opfer sind also zu bringen,
wenn wir um manches Leben ringen!
Eingeschränkte Freiheit ? Ja, aber lebenswichtig
und daher sinnvoll, notwendig, richtig!

Für einen ohne schmutzige Weste
ist das allemal das Beste!
Hast du aber Dreck am Stecken,
gilt´ s, dich alsbald zu entdecken!

Um ein Haar kannst du erkannt dann sein
mittels DNA – Analyse! Ist das nicht fein?
Freilich todsicher ist alles nicht,
kommt aber reichlich doch ans Licht!

Häufig wird Leben so gerettet,
man bewegt sich sicherer, nicht angekettet.
Sicherheit verlangt Opfer, hat seinen Preis,
der ist weniger bedeutend im Vergleich zum Lebensbeweis.

Frei zu leben und opferbereite Sicherheit zu geben
ist besser als nicht mehr und unsicher zu leben!

Halt vor Gewalt!

Drückt den Menschen eine Bürde,
neigt er gar gleich zur Gewalt,
überspringt er maßlos jede Hürde,
verliert er so den letzten Halt.

Wo bleibt da der Menschen Würden?
Wenn Schmerz, Tod, Elend, Qual und Pein
doch zuvor verhindert würden,
kann alles erst in Ordnung sein.

Gewalt erzwingt Gewalt im Teufelskreise,
bedeutet Unheil, Krieg und Barbarei,
denn auf diese ach so schreckliche Weise
bleibt doch keiner schadenfrei!

<u>Sieg ohne Krieg?</u>

Handeln, verhandeln bei Konflikten,
sich nicht erschrecken lassen mit Edikten,
ist wohl das oberste Gebot,
abzuwenden Leid und Not!

Verhandeln, überein- kommen ohne Krieg,
ist für alle Beteiligten dann ein Sieg.
Doch lenkt keiner vernünftig ein,
kann Krieg nur unausweichlich sein.

Denn gibt es für Gewalt keinen Halt,
zeigt sich das größte Übel bald.
Vom Bösen und der Knechtschaft zu befreien,
hilft oft nur Gegengewalt mit Soldatenreihen.

Diktatoren lassen sich meist nur durch Gewalt bezwingen,
geht dieser voraus auch zahlreich zähes Ringen.
Uneinigkeit ist wie ein stumpfes Schwert,
bleibt ohne Chance und gar nichts wert.

Zu Entschlossenheit, standhafter Festigkeit
seid daher jederzeit bereit!

Die vereinten Nationen, kurz UN genannt,
werden uneins als nutzlos nur bekannt.

Wenn eine Minderheit die Mehrheit tyrannisiert,
heißt´ s einzuschreiten ungeniert.
Einigkeit macht stark, gewiss,
zeigt gemeinsam erst den rechten Biss.

Wohl der Welt, wenn der Sieg ohne Krieg gelungen!
Der Sieg ist für alle Menschen dann errungen.
Im Krieg es meist viele Unschuldige trifft!
Es ist und bleibt daher nur Gift!

<u>Erhalte die Gesundheit!</u>

Gesund zu sein, ist nicht nur Glück!
Hier beizutragen Stück für Stück
und dies am eigenen Leib verspüren,
sollte jeder ausprobieren,
denn Gesundheit ist ein hohes Gut,
fordert Einsatz und viel Mut.

Vom Rauchen

„He, du grüner Bengel, hör auf Frauchen,
lass´ den Glimmstängel, lass´ das Rauchen!"
donnert Greta heftig los,
„raubst dir die Gesundheit bloß."

Obendrein ist Rauchen teuer
wegen der allzu hohen Steuer.
Du verpestest auch die Luft,
vorbei ist´ s mit dem guten Duft
in Wohnung, Zimmer, Flur, Terrasse.
Kannst du nicht das Rauchen lasse´?

So beschwört sie ihren Mann.
Doch wer hält sich leider dran?
Ohne große Willenskraft,
hat das keiner je geschafft,
wenn er qualmt und wenn er pafft.
Selbst die üblen Raucherbeine
schaffen dies nicht von alleine,
kommt erst der Lungenkrebs dazu,
hat die Seele ihre Ruh´.
Mahnen, reden, hat erst Sinn,
wenn ich davon betroffen bin.
Doch wer eisern ist und gegen sich hart,
hat länger zu leben und mehr sich gespart.

Lege mehr Gewicht auf dein Gewicht!

"Mensch guck mal, der ist dürr und dick,
der wie eine Bohnenstange, der fett, sogar im Genick!
Der eine ist so mager, hager, vielleicht gewollt,
der andere so rund, dass er fast roll!

Was der eine zu wenig hat, hat gar der andere zu viel!
Sie schossen hinaus wohl übers Ziel.
Gäbe der Dicke dem Dünnen etwas ab,
hätte jeder genug, nichts wär´ zu knapp!

Es donnerte der Dünne zu dem Dicken:
„Könntest mir ein paar Pfunde rüber schicken!"
Da tönt der Dicke zu dem Dünnen:
„Alle Weil´ fängst wohl an zu spinnen!"

Ja, wenn das halt so einfach wär´,
gäbe man gern und leicht etwas her.
Doch da dies so nicht möglich ist,
muss achten jeder, wie viel er isst.

Gesundheit, Herr Nachbar!

„Hatzi, Schatzi, Gesundheit!"
tönt es nach allen Seiten weit.
Gesundheit hat seinen hohen Preis.
Zahle immer mehr auf verschiedene Weis´!

Es gibt Zuzahlungen auf Medikamente,
Mehrzahlungen ohne Ende!
Die Vorsorge, die größte Sorge ist!
Andere Versicherungen du nicht vergisst.

Hast du fürs Alter nicht gespart,
ist das Lebensende karg und hart.
Die öffentliche Hand hält die Hand auf,
statt zu geben, verlasse dich drauf!

Ersatzversicherungen für Zahnersatz
greifen ständig um sich Platz.
Zahle immer mehr bei geringerem Lohn!
„O mit Krankheit uns verschon!"

Bist du arm, sich Gott erbarm!
Bist du reich, ist vieles gleich!

Der Wunsch, die Lohnebenkosten zu senken,
daran lässt sich gar nicht denken!
Wer will schon gerne schenken?

Was die Gesundheitsreform alles kostet?
„Wohl bekomm´ s!", sei zugeprostet!

<u>Vom Kranksein</u>

Bemühe dich, nicht krank zu werden,
soweit es in deinen Kräften steht,
wenn du auch weißt, dass es auf Erden
es meist nicht ohne Krankheit geht.

Vorsorge gilt erst, vor den Sorgen,
durch Impfung, Untersuchung, allerlei!
Spürst du Schwächen heut´ und morgen,
bist du nicht mehr sorgenfrei.

Du bist versichert, doch sicher nie
auf deinem Lebens- und Pilgerweg!
Manche Krankheit zwingt dich in die Knie.
Du hoffst, dass Heilung gelingt irgendwie,
zu führen dich wieder über Hügel und Steg.

Helfen und geholfen werden
ist wohl nun das erste Ziel,
um zu mildern die Beschwerden,
die uns drücken schwer und viel.

Gesundheit kommt da wohl zu Ehren,
wenn du krank darniederliegst,
musst dich immer neu erwehren,

dass du die Gesundheit wieder kriegst.

Alles ist nicht selbstverständlich
und nicht immer ein Gewinn,
kannst genesen du letztendlich,
hat das Leben neuen Sinn.

Verzage nicht, darfst mutig hoffen!
Fast alles kommt ins rechte Lot!
So steht dir das Leben offen,
musst nicht fürchten gleich den Tod.

Gemeinsam oder einsam?

Gemeinsam durch das Leben geh´ n,
das ist wunderschön!
Versuche es, du wirst es seh´ n.
Es gibt Tiefen, Höh´ n.

Doch wenn sich Herz mit Herz verbinden,
sich Stunden frohen Glücks bald finden.
Du freust dich so und denkst dabei:
„Dass doch dem kein Ende sei!"

Die Treue ist der Tugend Lohn.
Übe sie aufs neue als der Ehe Kron´!
Denn wenn sich zwei über alles schätzen,
werden sie einander nicht verletzen.

Stellen sich auch keine Kinder ein,
ist es dennoch schön, zu zweit zu sein.

Begegnung

Seid nett zueinander, wo immer es geht!
Seid fröhlich mit strahlendem Blick!
So helft ihr einander, bevor es zu spät.
Es freut sich ein jeder, es blüht neues Glück.

Ein netter Gruß, ein freundliches Wort,
schon bist du nicht mehr allein.
Das schafft Begegnung und zündet sofort,
was könnte noch schöner sein?

Denk´ an den andern, er braucht deine Nähe,
einen Handschlag, ein Lächeln in deinem Gesicht.
„Ach, dass ich in jedem den Nächsten sähe!"
Das brächte mir Hoffnung, Liebe und Licht.

Drum nütze die Zeit, sie ist nicht vergebens!
Schön ist es immer, wenn du auch gelacht.
Vergessen ist Leid, zeigt sich Freude des Lebens.
Du hast deinen Partner glücklich gemacht.

Dabei ist enthalten, du ahnst es schon,
für alle ein guter Ton und Lohn.

Grüßen, aber warum?

Schöne Grüße! Du Süßer, du Süße!
Sie wechseln gern von Mund zu Mund.
Grüße zu bestellen, drücke auf die Düse!
Das hält uns froh, fit und gesund!

Grüßen bedeutet: den anderen anerkennen, achten
Als Begegnung von Mensch zu Mensch würdevoll
Und nicht vorbeischauend als Luft zu betrachten,
sondern mit ehrender Wertschätzung, wie es sein soll.

Grüßen heißt ansprechen mit holdem Blick,
Hut ziehen, neigen, gar verbeugen,
ein Lächeln, ein Echo kommt zurück,
um Ehrfurcht, Liebe gern zu bezeugen.

Drum grüße, Gott und den Menschen zum Gruß,
das als Geschöpf selbst ehrend zu grüßen vermag,
willig, ungezwungen, höflich ohne „Muss",
das dich erhebt, erfreut jeden Tag!

Sei gegrüßt, lieber Leser, an dieser Stell´,
unerkannt, ungenannt auf alle Fäll´!

Der Leumund

Gefährlich ist´s den Leu zu wecken,
der sich versteckt an allen ecken.
Ein Löwe, wie er schleicht und faucht,
heimlich unheimlich sich verbraucht!

Wie grausig sperrt er auf den Rachen,
dass einem bald vergeht das lachen,
so ist es mit dem Leumund auch,
der als ansehen macht sich breit wie Rauch.

Ob gut, ob schlecht der Leumund ist,
weißt du, wenn du gefordert bist.
Was andere jedenfalls von dir halten,
zeigt sich dann mit viel´ Gewalten.

Wer aber Ruf schädigt, grundlos und beschwert,
versündigt sich, ist nicht viel wert.
Wer macht aus Mücken Elefanten?
Der Wahrheit banden so entschwanden.

Überprüfst du auch, was man behauptet
oder schluckst du einfach, was ihr glaubtet?

Bewahre dich vor solchen Taten
ohne Schuld auf dich zu laden!

Wehe, wenn böser Leumund dich verschlingt,
als Bumerang er dann in dich dringt!

Gutes tun, nur Gutes mehren,
hält dich und andere stets in Ehren.
Drum sei auch immer drauf bedacht,
dass Ehrlichkeit dich ehrlich macht!

Bekannt?- Der Mann am Wegesrand!

Es gibt noch Bettler, auch in unserer Zeit,
sitzend am Wegrand zum Sammeln bereit.
Was sind das für Leute, wirklich arm,
dass man sich endlich erbarm?

Fallen sie durchs soziale Netz des Staates
oder sind sie Opfer der Sucht, bedürfen der Hilfe, des Rates?
Sind sie sonst vom Schicksalsschlag getroffen
oder dem Alkohol erlegen, arbeitslos, öfter besoffen?

Wer kümmert sich um sie, dass sie nicht verkommen?
Zu viel Leid hat sie schon mitgenommen.
Wer greift den Armen unter die Arme,
gibt ihnen Schutz, Kleidung, eine warme?

Mit der Sozialhilfe allein ist es nicht getan!
Ursachen des Elends erkunden ist ein Schritt voran.
Aus der Gosse helfen, was immer dazu gehört!
Es bleibe dabei kein Ruf unerhört.

Girokonto, Wohnung sind oft Fragezeichen.
Ohne diese lässt sich nur wenig erreichen.

Jeder Fall ist anders, verschuldet oder nicht.
Er sei nicht länger geduldet, wenn es gebricht.

Da helfen nicht nur Gelder oder Spenden,
vielmehr müssen Arme obliegen treuen Händen.
Anträge ausfüllen, Bittgesuche stellen,
ganz einfach zur Seite zu stehen in solchen Fällen!

Wer möchte schon gern am Wegesrand stehen und betteln
oder öffentlich bitten auf verteilbaren Zetteln?
Ist die Polizei hier Helfer und Freund,
leitet Betroffene weiter, dass Hilfe vereint?

Es gibt bei uns so viele Stellen,
die weiterhelfen in solchen Fällen!
Wer aus eigener Kraft nicht bestehen kann,
für den gilt unsere Sorge, ob Frau oder Mann!

<u>Überdruss durch Überfluss?</u>

Willst du jemandem etwas schenken,
fragst du dich, was darf es sein?
Was man braucht, gilt´ s zu bedenken,
was macht Freude obendrein!

Denkst du an Musik oder Bücher, Spiele,
Schulbedarf, Hobby, Haushalt gleich?
„Ach der Möglichkeiten sind so viele!"
Ist der Wünschende nicht schon reich?

Fällt es da nicht schwer zu geben?
„Das hat er schon alles! "Macht´ s ihm Spaß?
Achtlos wird vieles weggeworfen im Leben,
hat er im Fall des Falles es sogar im Übermaß?

Schenkst du was, ist´ s nicht genug!
Schließlich muss er „danke" sagen
und auch dir was reichen im Gegenzug
und um deine Wünsche fragen.

Wer alles hat, der braucht dich nicht,
ist dennoch arm, er wird es spüren,
wenn einsam, trüb ist sein Angesicht,
wird er bald den Lebensmut verlieren!

Drum lasset uns ruhig arm sein, aber innerlich froh!
Schenkt Worte, Lächeln, Freude, Glück!
Das alles ist kostenlos und braucht doch jeder so
notwendig wie manch anderes Stück!

Gib und es wird dir gegeben!
Liebe und du wirst leben!

Menschenskinder - Wohlstandskinder!

Viele Kinder heutzutage
sind zu dick ganz außer Frage!
Sie schleppen unnötig Pfunde mit,
kommen außer Schritt und Tritt.

Und das schon in jungen Jahren
sie es am eigenen Leib erfahren.
Oft gehänselt, geärgert, gefoppt
von denen, die da sind „bekloppt".

Falsche Ernährung, fast food, Naschen?
Was gibt´s sonst noch zu erhaschen?
Der Wohlstand bringt es an den Tag.
Keiner mehr noch hungern mag.

Mehr Bewegung, viel mehr Sport!
Werft Süßigkeiten jedoch nicht fort!
Zerbrecht den ungeheuren Teufelskreis
durch Verzicht, Fasten, großen Fleiß!

Schlank sein, fit sein heißt die Devise
als Ziel aus dieser schweren Krise!
Hier heißt´s nicht jammern oder klagen!
Jeder hat hier beizutragen,
indem er sich öfter, mehrmals also etwas trimmt
und auch das seelische Gleichgewicht wieder stimmt!

Mut in der Armut

Vorbei sind die schlimmen Kriegsjahre,
in denen der Kampf ums Überleben zählte.
Knapp war jegliche Lebensware,
auf den Feldern man sich mühsam quälte.

Nur Notwendiges war dabei gefragt,
Luxusgüter mussten unterbleiben,
jeden Tag aufs Neu´ sich jeder plagt,
um Hunger, Elend zu vertreiben.

Brot wurde mit Wasser und Zucker belegt,
Kleidung wurde genäht, ausgebessert, geflickt.
Alles wurde nach Kräften gehegt und gepflegt.
Es wurde gehäkelt, gesponnen, gestopft und gestrickt

Der Reichtum an Kindern hat die Armut gesteigert.
Mehrere Kinder lagen zusammen im Bett.
Vieles wurde entbehrt und verweigert,
was ein mancher doch so gern hätt´.

Mut in der Armut war ständig geboten,
um halbwegs damit auch zufrieden zu sein.
Wenn Unheil und Krankheit oftmals drohten,
galt es zusammenzuhalten und stark zu sein.

Streckt aus eure Arme für die Armen,
die es immer auch in besseren Zeiten gibt.
Lasst uns sich ihrer geduldig erbarmen,
weil Gott alle über alles unendlich liebt!

Der Egoist

Wer ist das, den man wohl so nennt?
Der nur sich und seinesgleichen kennt!

Sein Ego (lat. ich), will sagen:
Die andern liegen mir im Magen.
Komme ich nicht so und stets voran,
muss brechen ich mir meine Bahn!

„Möglich ist´s auf anderer Kosten
Sich zu erjagen manchen Posten!"
Denkt dieser und wetzt still das Messer.
Mit Ellenbogen geht´s noch besser.

Von wegen demütig und bescheiden,
das kann ein Egoist nicht leiden!
Er stellt sich in den Vordergrund,
drückt, unterdrückt mit vollem Mund.

Auch will er stets der Größte sein,
ist er auch von Natur aus klein.
Den anderen mehr gelten lassen,
kann zu ihm schon gar nicht passen.

Ja, er kann vieles nicht erreichen,
geht er sogar auch über Leichen.
O welch ein Mensch! Siehst du jetzt ein?
Möchtest du auch ein solcher sein?

Das eine aber merke dir.
Wird der Mensch hier nicht zum Tier?
Ja, tierischer als ein Tier auf erden
Kann letztlich nur der Mensch noch werden!

Kinderarmut - warum?

Wenn ein Volk auszusterben droht,
hat es längst die „liebe" Not!
Kinder sind die Zukunft eines Landes,
ganz gleich welcher Herkunft, welchen Standes!

Gab es früher viele Kinder, gar acht bis neun,
will man dies heute mehr als scheu´ n!
Galt früher: Je ärmer, desto mehr Kindersegen,
heißt es nun: Je wohlhabender, desto mehr ungelegen!

Die Ansprüche sind gestiegen, die Opferbereitschaft ist
gefallen.
Woran mag es noch liegen? Kinderfreundlichkeit nicht bei
allen?
Ab drei Kindern bist du schon kinderreich,
mehr Geld wird gefordert, am besten gleich.

Das Kindergeld wird erhöht, aber werden der Kinder mehr?
Es wird gestöhnt: Kinder zu haben fällt immer schwer!
Mehr Geld verdienen, statt Kindern zu dienen,
sind wohl zwei verschiedene Schienen.

Luxus, Urlaub, Reisen in die weite Welt!
So es den meisten doch gefällt!

Die Großeltern kamen nicht übers Land hinaus,
spätestens an der Grenze war es aus!

Alles haben wollen! Sind Kinder nur Last?
Doch sind sie das Beste, das du je hast!
Der Staat soll und kann helfen, so viel er mag.
Legt aber auch mehr Kinderbereitschaft an den Tag!

Manche hätten gerne Kinder, bekommen aber keine,
andere geben sie weg, ziehen lieber Leine!
Helft den armen Familien in jeglicher Art!
Wer sich Kindern widmet, seine Haltung offenbart!

Lieber kinderreich sein als reiche Kinder zu haben,
zählte doch zu den besseren Gaben!

Scheiden bringt Leiden!

Scheiden lassen! hört das Kind.
Nicht zu fassen! denkt´ s geschwind.
Was hab´ ich denn euch getan?
Warum geht´ s nicht mehr voran?

Was führt euch zu Krach und Streit,
bringt über uns so vieles Leid?
Bin ich etwa daran schuld?
ruft das Kind in Ungeduld.

Lautes Bangen, Hoffen, Zage!
Ich will mich mit euch vertragen.
Tut es auch! Ich hab´ euch gern.
Haltet Leid und Nöte fern!

Versucht es! will ich euch noch bitten,
manche Risse fest zu kitten!
Lauft nicht weg! Ihr müsst versteh ´n!
Was soll dann mit mir gescheh´ n?

<u>Wenn Lügen betrügen...</u>

Ja, Lügen haben kurze Beine,
versprechen sie auch der Vorteile viel´!
Lügen erfordern wieder Lügen zum Scheine,
haben sie doch angeblichen Nutzen zum Ziel.

Lügen ist jedoch schändlich, schädlich, gefährlich
für einen selbst, erst recht den andern.
Bist du aber trotz eigenen Nachteils ehrlich,
kann dich niemand unterwandern.

Doch fällt es schwer, dir treu zu sein,
wenn Schuld und Not beginnen.
Vom Herzen fällt aber ein schwerer Stein,
hast du dich bezwungen mit allem Sinnen.

Sei es beim Spiel, in der Politik, im Ernst des Lebens,
Schiedsrichter, Wähler zu täuschen, wie es oft geschieht,
man erwartet hier Ehrlichkeit häufig vergebens,
was sich geheim und offen nicht der Vernunft entzieht.

Wurdest du belogen, bist du betrogen,
doch ahme es nicht blindlings nach!

Denn hast du dich wie sie verbogen,
steigerst du Not, Elend, Untreue Schmach.

Klarheit und Wahrheit heißen die Ideale,
die zum inneren Frieden führen.
Ringe dich durch zum x-ten Male,
solltest du auch Nachteile dabei verspüren!

Der Wunderheiler

Hütet euch vor Geschäftemachern
als euren großen Widersachern!
Sie wollen um alles in der Welt
nur euer sauer verdientes Geld.

Mängel, Fehler, Schwächen
oder andere Gebrechen
nutzen sie kalt und schamlos aus.
Da packt einen doch der große Graus!

Stellt sich selbst manchmal der Zufall ein,
dass du wähnst, geheilt zu sein,
sind jedenfalls Wunderheiler finanziell gesund,
kommen ihre Besucher auch auf den Hund.

Drum haltet euch fern von solchen Leuten,
die skrupellos, erbarmungslos euch ausbeuten!
Was von selbst auch heilen kann,
geht daher nicht die anderen an.

Heil euch, die ihr den „Heiler" nicht beansprucht!
Ist ihr Verhalten doch kaltblütig und verrucht!

Wunder können auch sie nicht schaffen
mit ihren angeblichen Wunderwaffen!

Geht ihnen nicht auf ihren Leim,
sei er auch bereitet aus Honigseim!
„Wunderheiler" sind keine Wunderheiler,
bestenfalls nur Wundenverteiler!

Schaffen ohne Schlaf?

Ja, den Schlaf braucht jedes Schaf,
ob es böse oder brav!
Dies gilt für Tiere. Menschen gleichermaßen,
ob sie sich bewegen, schaffen, rasen.

Ohne Schlaf lässt es sich nicht leben
auf Dauer gesehen, wirklich , eben.
Ein guter schlaf weckt neue Kräfte,
lässt wallen unsere Lebenskräfte.

In der Ruhe liegt die Kraft,
die tagsüber wirkt und emsig schafft.
Auch wer nichts tut, wird tatsächlich müde,
wird vielleicht am Abend fleißig, meine Güte!

Doch übertreibt auch er, wird er bald seh´ n,
es ist dann um den Schlaf gescheh´ n.
Drum schalt rechtzeitig ab, versuche zu entspannen,
langsam, nicht im Trab, wirst du es bannen!

Denke was Schönes, Träume bald süß!
Vergiss auch nicht die warmen Füß´!

Auch der Beischlaf muss mal sein,
doch schlafe dabei nicht schnellstens ein!

Schlafmützen haben leider verschlafen,
haben aber wirklich gut geschlafen!
Schlafkappen träumen am helllichten Tag,
ein jeder halte es, wie er wolle und mag!

Hast du gut geschlafen? Unverzüglich?
Du bist im sicheren Hafen, kurzum glücklich!
Schaffe den Schlaf! Ich will dich grüßen,
so wirst du ihn voll und ganz genießen!

Geht´s auch ohne Hektik? -Tick, tick!

Zeit ist Geld und Geld gefällt!
Da ist was Wahres dran!
So ist es unterm Sternenzelt.
Da fängt das Rennen an.

Schnell noch das und schnell noch dies,
die Technik lässt uns springen!
Sie treibt uns an, wir hängen am Spieß,
mag es auch seltsam klingen!

Doch wer sich immer jagen lässt
und will auch andere jagen,
gibt sich auf Dauer dann den Rest
nach Hetze, Jagd und Plagen.

Steig aus, aus diesem Karussell,
sonst wirst du ihm nicht entfliehen!
Es reißt und packt dich allzu schnell,
wird ständig fort dich ziehen!

Die Ruhe ist eine heilige Pflicht
bei allem Rasen, Rennen,
denn kennst du deine Pausen nicht,
lernst du was anderes kennen!

Anspannung, Entspannung - ausgewogen!
Das gilt im Takt des Lebens.
Vertreibe Hektik im hohen Bogen
bei allem Fakt des Strebens!

Bei diesem oder jenem Tick,
den du dein eigen nennst,
zerbricht er nicht dir dein Genick,
wenn du die Bremse kennst!

Sucht - wie verflucht!

Es strebt der Mensch, so lang er lebt
auf dieser Erde, etwas zu erreichen,
weil es ihn zufrieden stellt, so gar erhebt,
seinen Wert erhöht ganz ohnegleichen!

Schadet ihm selbst sein groß ´ Verlangen
und hat er sich nicht in seiner Gewalt,
so muss er leiden, leider bangen,
gebietet er sich nicht selber Halt!

Ob Alkohol - Drogen - Arbeitssucht,
ein allzu viel bekommt dir nicht!
Ein Teufelszeug ! Es sei verflucht,
das dich oft übel zugericht´ t!

Kannst du aus eigener Kraft
den Süchten nicht entflieh ´n,
hast du es einfach nicht geschafft,
sich von ihnen zurück zu zieh´ n,
so traue dich den andern an,
das Beste für dich zu erlangen!
Es dir dann Hilfe, Schutz doch bieten kann,
bevor Schwierigkeiten angefangen.

Das rechte Maß, die goldene Mitte
ist leider rasch überschritten!
Widerstehe den Anfängen ist meine Bitte,
bevor du später vielleicht gelitten!

Man muss nicht erst in der Pfütze liegen,
um zu wissen, dass diese schmutzig ist
und nicht erst kalte Füße kriegen,
wenn das Eis längst gebrochen ist!

Das rechte Maß ist schwer zu finden,
auch würdevoll über den Dingen zu steh ´n!
Doch ist es Kunst, zu lösen und zu binden,
was weitgehend vorher ist ab zu seh ´n.

Hat aber die Sucht dich heimgesucht,
hilft nicht nur seufzen: O verflucht!

Entsagung, Stärkung, Vermeidung
für hoffnungsvolle, künftige Tage
in bewusster, standhafter Haltung
verhindern verlässlich jede Plage.

„Wohl dem, der recht zu meistern weiß
sein Leben in Demut, Askese, Fleiß!"

<u>Doping</u>

Schon immer war des Menschen Streben
bis ans Letzte alles zu geben.
Es locken Medaillen, Ruhm und Ehren,
es gilt Rekorde zu brechen, zu mehren.

Ist da nicht jedes Mittel recht?
Doch sie zu nützen leider schlecht!
Kraft, Ausdauer, Technik, Schnelligkeit
sollen entscheidend sein jederzeit!

Ein lauterer Wettbewerb sollte es sein,
doch schleichen sich ein Not und Pein.
Profit, Erfolg sind solche Zwänge,
treiben viele in die Enge.

Stichproben müssen her, dazu Kontrollen,
wenn Wettspiele ehrlich verlaufen sollen.
doch scheint dies nicht mehr zu gelingen,
wenn viele auf unerlaubte Mittel dringen.

Es fällt schwer, sonst leicht zu siegen,
kann einfach nicht genug davon kriegen.

Drum schätzt es umso höher ein,
bleibt der Sport noch makelrein!

Helft mit, soweit ihr helfen könnt,
dann sei euch alles ja gegönnt!

Wer aber gefehlt und hat den Sieg als Lohn,
nahm einem andern wohl die Kron´.
Ja gab er auch alles gar zurück,
ehrt es ihn, aber manchem entging das Glück!

Sind Drogen verlogen?

Wehe, wenn du hast probieret
von den Drogen allerlei!
Haben sie einmal dich verführet,
bist du gefangen, nicht mehr frei.

Bis der Schaden dich dann quälet,
du erleidest Qual und Pein!
Wie viele Stunden dir noch gezählet,
siehst du vorher gar nicht ein.

Schon bewegt sich im Teufelskreise,
was du vorher nicht gewollt,
rächt sich bald auf seine Weise
zu bezahlen Schmerz und Sold.

Drum fang nicht erst an,
dich selbst zu betrügen!
Wart nicht, bis es wehgetan!
Vorher gilt es zu besiegen,
was dir selbst nur schaden kann.

Denn hast du Schlechtes eingesogen,
haben Drogen dich betrogen,
hängt dein Leben wie an einem Faden,
hast du selbst den größten Schaden.

Daher sei standhaft mit aller Kraft!
Du bist froh, wenn du´s geschafft.
Lebe dein liebes, geschenktes Leben,
erfreue dich sehr an guten Dingen!

Das wird dir Mut und Auftrieb geben,
ich wünsche dir ein froh´ Gelingen.

Der Alkohol

O Alkohol, o Alkohol, wie fühl´ ich mich bei dir so wohl!
Bevor ich mir eine Krankheit hol´.
hol ich mir erst den Alkohol!

Klappt was nicht, denke ich, ich hab´ s!
Jawohl, jetzt trinke ich mal ´ nen Schnaps.
Wenn es dabei bleibt, ist alles gut.
Wenn man nicht trinkt aus lauter Wut!

Und bist du stark gegen diesen Wicht,
so brauchst ja ihn fürchten nicht.

Doch ist er stärker dann als du,
dass du ihn säufst wie eine Kuh
und streckt er dich im Wein und Biere,
ja streckst du gleich auch alle Viere,
so merkst du jetzt, es ist allerhand:
Der raubt dir ja auch den Verstand!

O Alkohol, du gabst mir Kraft!
Hast leider mich dabei geschafft!

Drum denke, ruf´ ich, merke wohl:
Mit Maß und Ziel hab´ ich dich gern,
bist du mein Freund, o Alkohol!

Doch mit zu viel, sehe ich gleich Stern´,
was soll denn aus mir dann noch wer´ n?
O Alkohol, o Alkohol,
du machst mich krank, gehab´ dich wohl!
O Alkohol, o Alkohol, dass dich doch gleich der Teufel hol´!

Der Glimmstängel – ein böser Bengel!

Was wird nicht alles ausprobiert,
obwohl es schädlich ist?
Man raucht heimlich unheimlich, ungeniert,
weil man es nicht gern vermisst.

Wohl dem, der es lassen kann!
Besser noch, er fängt´ s erst gar nicht an.
So wird er sparen dann und wann,
hat sich was Gutes selbst getan,
natürlich auch den Krankenkassen,
die gegebenenfalls zahlen müssen.
Beträchtliche Summen würden sich sehen lassen.
Umweltfreunde würden ihm sogar die Hände küssen.

Schön wär´ s mit mehr Gesundheit, Sauberkeit, den ersehnten
Idealen!
Aber ist der Mensch dazu bereit ohne die verruchten Qualen?
Da hilft kein Schimpfen, Fauchen!

Gefordert sind Willensstärke, Mut,
einfach der Verzicht aufs Rauchen.
Ja, vieles wird von selber gut!

„Ja, ja, ich möchte gern mir das Rauchen abgewöhnen!"

„Doch der Glimmstängel ist der böse Bengel! "erschallt´ s in
mächtigen Tönen.

Er ist es, der mich lockt und reizt,
verpestet er auch die Luft.
Wer mit dem Geld für Zigaretten geizt,
hat stattdessen Geld für Duft.

Ich stelle erleichtert, fröhlich fest,
es ist nicht ein letzter Hauch.
Triumphierend genieße ich des Lebens Rest:
Ja, ohne Rauch geht´ s auch!

Wer lange raucht, wird „geräuchert" alt,
würde ohne Rauch aber gewiss noch älter.
Es sei denn, er raucht höchstens kalt,
kontrolliert durch den Feuermelder.

Vom Lebensalter

„Jung lacht, alt kracht!", so will man meinen,
hältst du, so sacht gedacht, dich still noch auf den Beinen!

Betrachte die Jugend im ungestümen Toben!
Übermütig, leichtsinnig klettert sie nach oben,
scheut weder Angst, noch Sorge und Gefahr,
ist unbekümmert, froh und jung fürwahr.

Alt sein will niemand, schon lieber älter werden,
sonst wäre zu kurz das Leben hier auf Erden!
Es ist gewiss, wahrhaftig nicht zu lang,
macht dieser Gedanke auch wirklich etwas bang.

Doch nicht die Tage, Jahre zähl´n allein.
Selbst ein kurzes Leben kann ein erfülltes sein!
Es hat auf alle Fälle sich schon an sich gelohnt,
als lebendig Geschenk es uns doch innewohnt!

„Du Leben, ach könnte stets ich dich bewahren,
könnt´ ich des Lebens Sinn besser noch erfahren!"
Doch wirst du oft gegeben und leider auch genommen.
Es bleibt das emsige Streben! Erst eben angekommen?

Arbeit und Ruhe, Erholung und Lust
gehören zum Leben, wie du es gewusst!
Leb´ nicht allein, schon gar nicht nur für dich!
Such´ die Gemeinschaft! Sie stützt, nützt, lohnet sich!

Auch im Alter bist und bleibst du wert- und würdevoll,
wenn du liebst, ehrst, tust, was geschehen soll,
sofern es in deinen schwachen Kräften liegt,
gläubig, furchtlos sich alles zum Besten biegt.

Hilf zu helfen, auch wenn du Hilfe nötig hast!
Durch Gebet und Güte bist du keine Last.

<u>Zu alt? Eiskalt!</u>

Alt sein kannst du nur, wenn du älter wirst!
Wenn du dies bezweifelst, steht fest, du irrst.
Was lebt, bleibt leider nicht ewig jung,
rufe ich lauthals in Erinnerung.

Selbst die schönsten Rosen, Nelken
verdorren, sterben, verblühen, welken.
Auch der Mensch weiß um sein unausbleibliches Ende,
sorgt vor für sein Alter durch der Arbeit Hände.

Dies möchte er tun, solange er es kann,
lässt alles nach so dann und wann.
Nur wird er plötzlich aus der Arbeitswelt gerissen,
obgleich seine Kraft noch nicht verschlissen,
kann das niemand wohl erfreuen,
der es nie unterließ, die Arbeitslast zu scheuen.

Dies eine sei dabei als boden- und maßlos gerügt,
wenn man glaubt, ein Kurzanruf genügt,
grund- und fristlos die Kündigung zu erhalten
und sich die Stirne legt in Falten.

Zu alt! wird dieser Schritt begründet,
weil sich Jüngeres, angeblich Besseres findet.
Wie rigoros, wie unmenschlich ist dieser Schritt!
Dies weiß, wer betroffen schmerzlich darunter litt.

Eiskalt, gefühllos ohne Zögern, Jucken
kannst du starr und bleich in die Röhre gucken.
Du wirst weniger wert, wirst weniger gebraucht,
genüsslich man dich in der Pfeife raucht.

Das ist betrüblich, ja es schockt,
den, der auf diese Weise zu Hause hockt.
Verzage dennoch nicht, wenn dies geschieht,
Rücksicht und Verstand gar noch entflieht!

Es ist zwar schwer, bist du jetzt alt,
doch lebst du noch, das gibt nun Halt!
Mache aus allem das Beste daraus
als des Lebens Weisheit! Es ist noch nicht aus!
Lerne zu leben, solange es geht,
damit auch alles zum Besten steht!

Der Herbst des Lebens

Jede Jahreszeit wie Zeit des Lebens hat seine Pracht
im Kreislauf und Sinn des Lebens wohl bedacht!
Kinder wollen schnell erwachsen werden,
sind sie es, gibt´ s weiterhin Beschwerden.

Alles drängt zur Reife, bildet neue Frucht,
in jedem Alter werden Mittel und Wege gesucht,
sich selbst zu verwirklichen und zu finden
und sich in die Gemeinschaft einzubinden.

Höhen und Tiefen werden tief erlebt,
dabei man nach Vollendung strebt.
Der Herbst lässt nochmals bunt erscheinen,
was vorher in Saft und Kraft wollt´ scheinen.

Alles lässt nach im Lebenslauf, gewiss,
gleichwohl der Herbst des Lebens am schönsten is´,
wenn du nicht hilflos und krank dar nieder liegst,
stattdessen dich noch im Besitz deiner Kräfte wiegst.

Wohl dem, der seinen Herbst erleben kann,
ihn zieht vieles noch in seinen Bann!
Er kann und will allen Stütze sein,
braucht er auch Hilfe der anderen allgemein.

Ertragt einander mit Schwächen, Fehlern
ohne euer Selbstbewusstsein dabei zu schmälern!
Nehmt Rücksicht, habt Achtung, wenn die Kräfte schwinden,
denn jeder wird sich selbst einmal so vorfinden!

Du Herbst des Lebens, wenn auch Anfang vom End´,
bist nicht vergebens, wir falten die Händ´!
Lasset uns genießen den letzten Sonnenschein
eingefangen im wertvollen, köstlichen Wein!

Wer im Leben gut war, fleißig, hat viel gelacht,
hat wohl das Beste daraus gemacht!

Liebe Seniorinnen und Senioren!

Sechs und mehr Jahrzehnte sind verflossen!
Hast du dein Leben auch genossen?
Nutze es für den Rest der Zeit!
Sei für den Lebensabend bereit!

Gönne dir öfter frohe Stunden
In guter Laune, ungebunden!
Hilf aus, wo es an Not und Mangel gebricht!
Sei nützlich, gut im rechten Licht!

Setze dir Ziele, bewusst und gern,
fröne den Hobbys als Lebensstern!
Vergiss aber nicht bei allem Tun,
dich auch geziemend aus zu ruh´ n!

Lasse dir Zeit, hilf den andern!
Denke an das frohe Wandern1
Alles im Leben hat seinen Sinn!
Das Leben selbst ist Hauptgewinn!

Lebe es zur Gottes- und Nächstenehre!
Trost und Liebe stets vermehre!

Liebe Seniorinnen und Senioren,
noch ist nichts, auch nichts verloren!

Vor allem seid kein Trauerkloß!
Schon seid ihr diese Sorge los!
Alt sein will anscheinend niemand hier auf Erden!
Er ist´ aber nur, will er auch älter werden!

Wäre man erst als Senioren geboren,
wäre das meiste vom leben verloren!
Mit Kind, Jugend, Erwachsenen, Greis
Schließt sich nun mal der Lebenskreis!

Alles hat einen Sinn!

Warum, weshalb, wozu? ist die bange Frage.
Welchen Zweck, Sinn erfüllt es in mancher Lage?
Vieles können wir nicht begreifen, versteh´ n,
wenn wir Unfälle, Krieg, Krankheit, Tod vor Augen seh´ n,
Naturkatastrophen: Erdbeben, Brände, Hochwasser sich
ständig mehren,
Unglück, Unheil aller Art immer wieder kehren.

Es geht im Leben nicht alles gleichförmig und glatt,
besonders dann, wenn es der Mensch verschuldet hat.
Und doch ist alles Sein grundsätzlich sinnvoll, zweck- und
zielgerichtet,
wenn es auch an Sinnwertigkeit verliert, etwas belichtet.

Das Böse (als Mangel am Guten) macht dies klar,
in Raum und Zeit, ob es ist, sein wird oder war.
Der Zusammenhang des Ganzen ist kaum zu erfassen,
wird sich auch kaum erträumen lassen.

Alles ist uns Menschen geliehen, auf Zeit geschenkt,
während das Ewige (Gott) gediehen weiter denkt und lenkt.
So wird sich entwickeln, wachsen, entfalten jedes
Lebewesen,
nützlich für die Mitwelt, genesen, bis es ist gewesen.

Alles hat seinen Sinn, ist´s auch schwer zu glauben
ohne sich dabei die Hoffnung, die Liebe zu rauben.
Denn diese ist besonders das Band der Welt,
die im Innersten alles zusammenhält.

Bei allem Schicksal dämmert noch ein Licht,
auch wenn alles einzustürzen verspricht und gebricht.
Es gibt immer einen Weg, ist er noch so unzugänglich und
steil
über Hügel und Steg und neben Unheil zeigt sich noch Heil.

Alles hat seinen Sinn, selbst „Unsinn" noch!
Wer dies verneint, fällt in ein größeres Loch.

Ohne Sein kein Bewusstsein, keinen Sinn,
in allem steckt ein bleibendes Geheimnis drin.

Mache das Beste daraus!

Es geht nicht alles und überall glatt im Leben,
kannst nicht stets auf hohen Lüften schweben.
Vieles holt dich auf den Boden der Tatsachen zurück,
zuweilen fehlt dir das Quäntchen Glück.

Zwar wird dir vieles im Leben, ja das Leben selbst geschenkt,
aber es kommt manches unverhofft und anders als man denkt.

Mühsal, Plage, Krankheit, Unfall, Leid,
Fehlurteil, Ungerechte Forderungen von Zeit zu Zeit,
stören dein Leben, bringen dich in Rage.
Hinterhältiges Treiben schwört herauf die Blamage.
Ehrabschneidung, Lügen, Mobbing setzen dir zu,
nehmen dir die notwendige Ruh´.

Strampeln, auch gegen den Strom Schwimmen,
sich Wehren, Rudern, Tauchen, Trimmen
sind gefragt, dich über Wasser zu halten,
zieht sich das Gesicht auch in trübe Falten.

Humor, sich dennoch im Wasser wohl fühlen,
Hass, Rache, Neid, Streit furchtlos abzukühlen,
sei stets trotz allem nur bereit in und außer Haus!
Denn immer gilt: Mache das Beste daraus!

Mensch, lerne beten!

Beten kann der Mensch allein,
will er froh und dankbar sein.
Tiere würden´ s vielleicht gerne tun!
Sie machen´ s durch ihr Sein und Ruh´ n.

Der Mensch kann mehr, nur leider oft nicht,
es stünde ihm wahrhaftig gut zu Gesicht!
Als Ebenbild Gottes und Lebensgeschenk
er Anfang, Ende und Ziel er bedenk´!

Wer bittet und betet, weiß sich in der Hand
geborgen, geachtet, geliebt als Pfand
einer künftigen Herrlichkeit
mit unsterblicher Wesenheit.

So glaube und hoffe, liebe dazu
bei Arbeit, Spiel, Gebet und Ruh´!
Freilich muss man sich zum Beten -können
Zeit und Muße und Stille gönnen.

Das beglückt und gibt uns innere Kraft,
tröstet, entzückt, ja Frieden schafft!
Tu´ einfach, was zu eigen dir!
Es wird dir helfen für und für.

Gelingendes Leben!

Achte und schütze es unversehrt,
denn es ist lebenswert und begehrt.
Leider ist es kurz, dabei verletzlich,
einmal genommen gar unersetzlich.

Leben will erhalten sein unter Gefahren,
sich stets entfalten, neu offenbaren.
Leben braucht Schutz gegen jeglichen Trutz.

Wenn auch nicht alles zum Besten steht,
es soll und muss gelingen, so gut es geht.
Jeder möge das Notwendige dazu haben
an Freiheit, Gütern und anderen Gaben!

Die Menschenfamilie muss zusammen steh´ n
in Güte, Liebe, Friede zu aller Wohlergeh ´n.
Bei diesem gemeinsamen ,ehrlichen Ringen
kann ein fried- und freudvolles Leben gelingen.

Leben ist Gabe, Aufgabe, Auftrag, Ziel
in Arbeit, Frohsinn, Freud´ und Spiel.
Es ist geliehen als Geschenk auf Zeit,
Teilabschnitt für die Ewigkeit.

Leben soll der Mensch und beten,
doch wer ´s Leben recht versteht,
macht Gebet zu seinem Leben
und das Leben zum Gebet.
Dadurch mögest du Herr erlösen
von aller Schuld und allem Bösen!